EXPECTATIVAS

Miguel Ángel Zayas

Editorial Zayas

Hacemos posible tu sueño de Publicar.

Miguel Ángel Zayas
Expectativas

ISBN: 061591036X
ISBN-13: 978-0615910369

Editorial Zayas 1624 Colibrí Urb. Brisas del Prado
Santa Isabel, P.R. 00757 Tel. 787-633-4641

www.editorialzayas.com
Blog del autor: http://miguelangelzayas.blogspot.com/
Facebook: Facebook/editorialzayas

Cataloging in Publication Data/Datos de Catalogación Expectativas
Santa Isabel: Editorial Zayas, 2014
Literatura Puertorriqueña-literatura Hispanoamericana-Poesía-Español-
PuertoRican Literature-Hispanic American Literature-Poetry-Spanish

Diseño de portada: Dr. Miguel Ángel Zayas

DEDICATORIA

A ti Sagitariana,
Porque sobran los motivos y razones.

A mis lectores,
por correrse el riesgo de leer poesía.

AGRADECIMIENTOS

A Efraín Zayas, mi padre.
A Raquel Zayas, mi mamá.

Ángel Cartagena & **Edwin Torres** por conjugar el verbo amistad siempre en presente.

A Glaucia, a deusa do Brasil que me motivou a escrever em Português.

MIGUEL ÁNGEL ZAYAS

EXPECTATIVAS

Miguel Ángel Zayas

Editorial Zayas

Hacemos posible tu sueño de Publicar.

v

Contenido

Palabras del autor

Gracias por permitirme compartir este libro, que más que un libro, es un proceso de crecimiento, sanación y de madurez.

Expectativas, no es para mí una mera palabra que significa espera sin actuar, es una actitud ante la vida, ante la desesperanza y ante la valoración de sí mismo.

*Más que un libro de poemas, es el resultado de un proceso de vida sanador y de triunfo; es una afirmación poderosa de Verdad: **Dejar ir, dejar al universo actuar.***

*Es la evidencia escrita de un proceso de dirigirse al interior de uno mismo, buscando las respuestas de la sabiduría innata en cada ser humano. Enfrentar la desesperación con la esperanza de posibilidad de triunfo. Sin dejar nunca de confiar en que "**Los Buenos Siempre ganamos**".*

Gracias a cada una de las personas que compartieron algún momento de sus vidas conmigo por cualquier motivo, porque de una manera u otra contribuyeron a formar la persona que soy y han sido cómplices inconscientes, en alguna medida, de todo este proceso.

Miguel Angel Zayas

"La vieja calle donde me cobijo
tuya es su vida, tuyo es su querer.
Bajo el burlón mirar de las estrellas
que con indiferencia hoy me ven volver".

Carlos Gardel

MIGUEL ÁNGEL ZAYAS

A mi Barriada Monserrate, donde junto a mis padres y a mis doce hermanos vivimos años de pobreza y limitaciones, pero nunca de escasez de espíritu.

Miguel Ángel Zayas

LA MONSERRATE

Tu rostro de pobreza
oculta tu gran verdad,
naciste de la urgencia
de la necesidad de progresar;
de la carencia de oportunidades
y abundancia de amistad,
de sudores envueltos
entre logros sin reconocer
y sueños aún por malograr.

Con calles llenas con polvo
de alegrías y tristezas,
que los rostros
no sabían ocultar.

Allí conviven
en las misma orilla;
historias y generaciones,
el gallero, la bruja,
el barrendero y el usurero,
que con el fiao, nos solía estafar.
El tecato buena gente
y el maleante sin rostro,
la puta decente
y el reverendo codicioso.

El gato, el perro,
el árbol de mango,
el farol a medio iluminar,
entre las siluetas de los dos.

Casas próximas a un rostro familiar,
lugar donde convergen
almas por penar.
Calles polvorientas
recorridas por hijos de muchas madres,
que celebraban una sola navidad.

Hoy tus calles asfaltadas
vuelvo a caminar…
 con cada paso percibo
que ya los hijos nacen, sin padre,
 de una sola mamá.

Que el tecato,
ya no es tan buena gente
ni la puta tan decente,
y el reverendo, ya no tiene que más codiciar.

Que las penas,
al igual que el árbol de mango,
el asfalto, no las pudo borrar.

A mi Pueblo con espíritu de ciudad Santa Isabel, la ciudad de molinos y gigantes, con Quijotes que no dejan de soñar.

LA ROSA DEL SUR

Valle extenso,
cuna de mis amores, rama de mis cantares.
En tu inmensidad soñé mi futuro,
en tu llanura sembré mis sueños.

Puerto de esperanza,
tierra prometida regada con sudor.
Costa de progreso,
de futuro abonado con dolor.
Punto de encuentro,
tierra de razas multicolor.

Faro de luz, fuente de calor.
Puerto de ideas y realidades,
cuna de cuentos y verdades.
Santa Isabel,
rosa sembrada por el Creador.

"Cuando los odios andan sueltos,

uno ama en defensa propia".

Mario Benedetti

POBRE ILUSA

No sabes que al menospreciar mis versos
desvalorizas tu espíritu.

Pues son mis versos
hijos legítimos
del concubinato de mi cuerpo con el alma.

Porque al escribirlos, se hacen el amor
mi cuerpo y mi mente
a través de mis dedos,
en medio de mis palmas.

Porque no hay otra manera de concebirlos,
los versos, al igual que el amor
solo se pueden hacer con el alma.

ANGUSTIA

Cuando pienso en los caminos que recorrimos
una punzada en mi alma me hace recordar
nuestras pisadas incoherentes,
abrazados al caminar.

Contemplando el sol en el horizonte,
confundiéndose con el ancho mar
y a las estrellas en la noche,
el sentimiento que mi corazón invade,
¿qué será?
dolor, angustia, ansiedad.

Estoy intranquilo, nervioso
atrapado en mis propios pensamientos;
sumida mi razón por los deseos del alma.
¿Tú dónde estás?
¿Quién aprecia tu risa silenciosa?
¿Quién soporta tus ataques de ansiedad?

¿Se llenan de palabras hermosas
tus mañanas junto al café?
¿Qué consuelo te abraza,
te habla al oído en la cama
y te promete que todo estará bien?

¿Con quién tu corazón pretende
recordar lo que es amar?
¿Con quién contemplas ahora
el mismo cielo, el mismo mar?

INSATISFACCIÓN

Te dije que te quería
como nunca había querido,
y no fue suficiente.

Te tomé de la mano en los caminos
más peligrosos que enfrentaste,
y no fue suficiente.

Te refugié en mis brazos
cuando más sola en el mundo
te encontraste,
y no fue suficiente.
Hice que en cada mañana, el café
fuera una experiencia alucinante,
y no fue suficiente.

Encanté las estrellas en tus noches
para que no te faltaran,
y no fue suficiente.

Logré que el ámbar de tus ojos
brillara intensamente,
y no fue suficiente.

Luché por secar la fuente de tus lágrimas;
las pasadas, futuras y presentes,
y no fue suficiente.

Velé tus sueños todas las noches,
te protegí de tus propias pesadillas y temores,
y no fue suficiente.

Me abandonaste, me olvidaste
sin despedidas, sin remitente.
Pudiste borrarme de tu vida,
lograste sacar mi nombre de tu mente,
mientras liberabas la bestia de la calumnia
para que atacara inmisericordemente.

Ahora puedes disfrutar el aroma de otro café,
mientras haces que el ámbar de tus ojos
vuelva a brillar intensamente.
Pero a pesar de todo lo que has logrado,
algún día notarás,
que no habrá sido suficiente.

CARENCIA

A dónde van las palabras
que nacieron sin la oportunidad
de ser dichas.
En dónde quedan los silencios
y gestos perturbadores
que ocultan la desdicha.

Dónde se lanzan los besos
despojados de una boca.
Dónde se refugian
los abrazos abandonados,
los te quiero a mi lado
y los rostros que nadie toca.

Qué escondite es adecuado
para un rostro olvidado,
para un corazón desangrado
por herida de una broca.

Dónde sanan los amores pasados,
los te amos pronunciados,
golpeados por una roca.

Dónde llenar una vida vacía,
tirada a su suerte,
arrastrando un alma penitente,
por amar en demasía.

LA ALQUIMISTA

Anoche decidí no extrañarte,
dejando mi pluma sobre la mesa
para que los irreverentes versos en mi cabeza,
no corrieren detrás de ti.

Traté de ignorar
tu presencia, en tus días de ausencia
y calmar la impaciencia, con mucho rigor.
Borrar los trazos de este poema,
tratando de apaciguar la crueldad del dolor.

De pronto;
un susurro proviene de tus labios,
se escuchan tus pasos, por cada escalón,
despiertas las musas del deseo,
que aún se mantienen bajo tu control.

Entonces, te vistes de gala en la distancia,
extendiendo las crueles garras del amor;
animando una velada sobre mi cuerpo,
propiciando una tortura en mi habitación.

Como toda una alquimista,
tomas el control, de mi descontrol;
usando la dosis exacta
de nostalgia, angustia y dolor.

Anoche decidí no extrañarte…
como ves,
mi pluma te extrañó.

ÓBITO

Déjame morir por tu amor,
ya que vivir por él
no nos sirvió de nada.
Déjame morir por tu amor,
ya que vivir por él
no logró seducir tu almohada.
Déjame morir por tu amor,
para que mis sueños,
dejen de esperar la madrugada.
Déjame morir por tu amor,
y disipar tu sombra
impregnada en mi cama.

Déjame morir por tu amor,
ya que mis besos
no calmaron tus temores.
Déjame morir por tu amor,
para que tu vida
no necesite más explicaciones.
Déjame morir por tu amor,
ya que no nos sirvió de nada.
Déjame morir por tu amor,
para yo poder vivir mañana.

DUDA

Cómo saber de qué estas hecho,
si nunca has pasado por una prueba.
Cómo saber cuán fuerte eres,
si nunca te han golpeado.

Cómo saber cuán noble eres,
si nunca has conocido la traición.
Cómo disfrutar a plenitud el amor,
si primero no has conocido
la amargura del dolor.

MOTIVOS Y RAZONES

El motivo porque las lágrimas
acompañan el café en tus mañanas,
es que sobran las razones
para que la tristeza se presente en tu mesa,
pero faltan los motivos
para que mi taza se ausente de ella.

La razón porque las noches
se hacen más cortas en tu ventana,
es porque no hay motivos
para esperarlas,
ni besos que ofrecer en la mañana,
ni amantes con quien gastarlas.

La razón porque sientes
que el alma se te apantana
frente a las canciones tristes,
es porque no hay motivos
para escucharlas
ni razones para el olvido,
del corazón que heriste.

El motivo porque me extrañas,
es que hay miles de razones
para estar a mi lado.
La razón por la que aún me amas,
es que no hay motivo
para tanto amor desperdiciado.

TODO Y NADA

Déjame explicarte
lo que nunca pudiste entender.
La cantidad de besos guardados
que tu boca ingrata no pudo corresponder.

Lo que son caricias frustradas
calcificadas en los huesos,
impedidas de florecer.
Ofrecidas a un piel sin alma,
supurada por rencores diviesos
que las lograban interponer.

Déjame hacerte comprender
cómo los abrazos pueden
poco a poco enloquecer.
Perder su compostura,
por unos brazos aviesos
que no los quisieron socorrer.

Permíteme explicarte,
cómo es que se frustran
las miradas que no reciben aliento.

El buscar auxilio
en unos ojos apagados,
mientras a tus lágrimas
sólo las seca el viento.

Ver desamparados los anhelos
de una llamada, de un afecto.
Tirados a su suerte, a su propio riesgo,
por la conspiración de unos celos,
alentados por el remordimiento.

Quisiera que pudieras comprender
todas estas cosas, de cualquier modo.
Lo que es hacerme sentir
que yo era nada,
para que tú pudieras sentirte,
que lo eras todo.

TU ELECCIÓN

No me gustaría ser
la última esperanza
que abrazó tu pecho desesperado.
No quiero ser
el último oasis
donde tus lágrimas posar,
ni la única salida abierta
que le quede a tu soledad.

Quisiera ser
una de múltiples veredas,
que encuentres en tu caminar.

No ser tu determinado destino,
ni tu único camino
a la felicidad.

Me fascina
que busques mis besos,
aun conociendo tu boca
los sabores,
que otros labios te darán.

Me gusta ser
tu banco al aire libre,
habiendo rechazado
posadas al pasar.

Me atrae la inseguridad
de ser tu elección,
me aterra la seguridad
de ser tu única opción.

BRINDIS

Una copa a la salud
de quien yo quería
que bebiera conmigo,
pero no invité.

Otra copa a la salud
de quien quería
beber conmigo,
pero no invité.

Otra copa
a la salud de quien invité
a beber conmigo…
pero no vino.

———⬥⬥⬥———

"El genio les ofreció tres deseos.
Él y Ella se miraron,
Les sobraron dos"

Ángel Saavedra

———⬥⬥⬥———

MORTAL DIVINIDAD

Oh diosa al desnudo,
en tus ojos de fuego
encontré mi destino;
en tus labios color rosa
mis penas buscaron alivio.

Sin tomar en cuenta la pesada carga,
me recibiste en tu alma
y,sin yo merecerlo, me regalaste
tus dos pequeñas alas.

ATAVÍO

Me gusta que te vistas de negro
y escuchar tus suspiros en la obscuridad.
Confundir tu aliento con el aroma
de un par de rosas en el sofá.

Me gusta que te vistas de negro
y ver tu silueta marcada,
con el acento de tu caminar.

Me gusta que te vistas de negro
con tu bolso colgado, de medio lado,
cuando te alejas al viajar.

Me gusta como fruñes tus dedos,
manteniéndolos apretados,
cuando tu boca me quiere besar.
Me gusta cuando te vistes de negro
y te observo distraída;
con la mirada perdida,
con el pelo empapado por el aguacero,
con el rostro de forajida.

Me gusta que te vistas de negro;
destacando tu cuello, caderas y pechos.
Me gusta cuando una mirada pícara
delata que observaste,
a una indefensa víctima,
de la sensualidad y malicia
con la que te ataviaste.

DULCE TORTURA

Tus besos,
una dulce tortura,
que lentamente se adueñan de mis labios,
que lentamente me roban el aliento
y no me permiten morir.

Son una dulce tortura,
salpicados con amargo veneno,
que invaden las venas de la razón
y reposan en los latidos
de mi corazón.

Tus besos, son una dulce tortura,
lenta y muy maliciosa.
Son de esos besos, de los que hieren,
cuando se alejan de mi boca.

POSIBILIDADES

Puede ser que una tarde
el viento llegue
y se lleve lo que por mí sientes.
Que la brisa entre por tu ventana
y borre de tu mente mi mirada.

Puede ser que una noche,
la luna te sorprenda
en algún abrazo,
y tu manos pierdan la curiosidad
por mis manos.
Que en un atardecer,
algún beso te hechice,
quemando bajo el sol tus labios,
reduciendo mis besos a cenizas.

Puede ser que en una noche,
en alguna cama,
no duermas a mi lado.
Puede ser que en la mañana,
al abrir tus ojos,
tu corazón comprenda
que siempre me has amado.

DESTINO

Así lo quiso la vida
y el amor lo consintió,
y de uno que nacimos,
nos hicimos dos.

No pudo la vida juntarnos,
si el amor no lo permitió.
Así, de tantas veredas del camino,
nos encontramos en la peor.

No lo pudo impedir la duda,
ni mucho menos el dolor.
Tampoco las pasadas malas vidas
ni la larga espera por la reencarnación.

Engendrados por un motivo,
frutos de la conspiración;
del deseo y la necesidad,
de entre la piel y el corazón.

Consentimiento sin hablarlo,
acuerdo sin firmar.
Solo el instinto más primario,
nos permitió la gravedad desafiar.

Así lo quiso la vida,
y el amor lo consintió,
y de uno que nacimos,
nos hicimos dos.

EXPECTATIVAS

Quizás no cumplo, o cumplí, tus expectativas
físicas, de entretenimiento o intelectuales.
Quizás no llené aquellas más sofisticadas,
ni las más elementales.

La verdad, no lo sé.
Solo sé, lo que sí podía cumplir;
sentirme sumamente privilegiado
y orgulloso de caminar a tu lado,
poder reconocer el valor total de tu interior,
y la integridad de tu persona.

Haber hecho una prioridad,todos los días,
el alargar tus momentos felices,
no racionar los "te quiero", "te extrañé"
los "me haces falta".

El afanarme, cada día,
por hacerte sentir respetada.
El más sólido apoyo a tus metas,
y el más alentador fanático de tus ideas.

Sentir las inquietantes mariposas,
que anuncian tu próxima llegada.
O la inmensa tristeza,
que le sigue a tu retirada.

La verdad de lo que podía cumplir,
era muy incierta.
No dependía de mis capacidades,
solo dependía
de que tú quisieras.

POR QUÉ

Porque de tu mirar
revolotea mariposas en una danza,
y levanta vuelos de sentimientos,
que alientan esperanza.
Porque el leve rozar de nuestros dedos,
enciende una chispa que no se apaga.
Porque tu voz,
serena las bestias en mi cabeza
y encanta los duendes
que habitan en mi alma

Porque veo caminar
tu silueta de sirena,
adornando la sala,
mientras haces que florezcan
las rosas amarillas, en cada espacio, con tus pisadas.

¿Por qué te amo?
hoy me preguntas,
como se buscan respuestas
sentada en la orilla.

La respuesta, es más que sencilla.
Porque desbordas de amor
la copa que solía estar rota,
porque eres tú,
porque no eres otra.

DECRETO

Me llegarás sin aviso,
como le llega el sol
a la madrugada.

Me tocarás con ternura,
como toca la brisa
la cortina en mi ventana.

Me escucharás constantemente,
como si toda tu vida
la estuvieras soñando.

Me rendirás a tus pies,
como cae rendida la lluvia
sobre mi tejado.

Me amarás intensamente,
con locura,
como nunca habías amado.

SAGITARIANA

Qué motivo has tenido
para viajar desde lo más lejano,
cargando contigo lo más divino
entre tus manos;
esa alegría contagiosa,
esa mirada misteriosa,
esa sonrisa delatora,
eso que a mi alma conmociona.
Tu arco de fuego
alcanzó mi casi moribundo corazón
Sagitariana,
qué buscas;
qué pretendes
al emprender tan lejano viaje.
Por qué molestarse
una perfecta divinidad
en encarnarse, por el corazón
de un simple mortal.
Por qué tus flechas de fuego
no pretendieron la anchura del mar.
Por qué renunciar a tu luz,
y buscar entre las sombras,
solo por calmar
mi profunda sed de amar.

LAS PUERTAS DE MI ALMA

No sé quién eres,
ni el porqué de tu llegada,
si vienes a quedarte
o si solo estás de pasada.
Pero hiciste que el sol
volviera iluminar por mi ventana
y que las alegrías,
repararan las penas de mi alma.

No sé cuán significativo
podrá ser, para tus sentidos,
el escuchar que mis labios
tu nombre pronunciaran.
No sé, si solo soy
una distracción en el camino
o, para tu fatiga, una serena pausa.

Sólo te pido,
que si no soy la meta de tu peregrinar
o el final de tu jornada,
que el día que te alejes,
no dejes cerradas
las puertas de mi alma.

"Cuando el tiempo pase y tú me olvides, silencioso vivirás en mí; porque en la penumbra de mis pensamientos, todos los recuerdos me hablarán de ti".

Gustavo Adolfo Bécquer

A MIS HIJOS

Nunca me sentí menos que tu padre de sangre,
ni molestó que tu rostro
al mío no semejara.
Porque el espíritu
es más atractivo que la carne.
Por eso sé,
que encajamos perfectamente dos misterios,
uno vinculado por la naturaleza
y otro unido por el amor.

Los Padres nos definimos,
no por la forma en que nos multiplicamos
o reproducimos,
sino por la manera en que amamos.
Por el amor con que guiamos tus pasos
al cruzar la calle, al llevarte al colegio,
o al defenderte en la noche
del monstruo misterioso en tus sueños.

O simplemente…
al enseñarte a manejar el coche.

Aunque no haya aportado la semilla original que
dio comienzo a tu maravilloso ser,
el cómo te amo,
es prueba innegable de nuestro parentesco.

Sabes que tienes dónde acudir cuando la vida se
torne demasiado difícil de soportar
y el camino parezca muy difícil de proseguir.
Sabes dónde encontrar unos brazos amorosos,
donde tus brazos poder confundir.

Es mejor poder contar
con los brazos amorosos de un padrastro,
que con un espacio vacío
y ausente de un padre.

Así que, ten la certeza ,
que cada vez que vuelvas,
mis brazos, siempre,
abiertos estarán.

Para Audy y Armando

PATERNIDAD

No tuve que sembrar la semilla
y dejar los retoños al azar.
No tuve que ceder al tiempo,
ni trazar surcos en tu vientre
para vencer la espera por cosechar.

Solo hizo falta ver sus sonrisas
para que, mi corazón,
sus vuelos quisiera alcanzar.
Bastaron unos cuantos destellos
con que la inocencia
suele sus rostros iluminar.

No costó ni una gota de mi sangre
tus dos árboles sembrar,
ni todas la lunas, soles y diluvios
para que mi alma los pudiera amar.

A mi madre Raquel, madre de 13 hijos.

ALZHEIMER

Mi madre ya no me recuerda,
su mente jugando con ella está,
con esa niña que no tuvo infancia
y que nunca pudo jugar a ser mamá.

Mi madre ya no me recuerda,
es peor que verla no poder caminar
detrás de sus nietos y biznietos,
con su única manera de amar.

Mi madre ya no me recuerda,
y le da pereza, de vez en cuando, cocinar;
barrer la sala es una tarea,
que al igual que reírse,
prefiere en otros delegar.

Mi madre ya no me recuerda,
en el pasado, ahora, prefiere estar;
junto a su dolores y decepciones,
junto al llanto de su mamá.

Mi madre ya no me recuerda,
recuerda más a su papá;
a mi abuela, y sus regaños,
al piragüero, y al rebaño,
que solían en su casa pastar.

Mi madre ya no me recuerda,
 en la noche, le suele temer
a tantos peligros inminentes,
y a personajes, que solo ella ve.

Mi madre ya no me recuerda,
pero recuerda, muy bien, el pasar
de los días que se le fueron,
y que nadie le dijo, que no volverán.

Mi madre ya no me recuerda;
pero en su mente, hay espacio para el amor.
Ese amor, que si se le olvida,
de recordárselo a mi madre,
me encargaré yo.

DEL POEMARIO:

ENTRE ROSAS Y VINOS (1999)

TU AMOR

Tu amor;
es como renegar de toda mi vida,
ceder a la debilidad más humana,
darle la razón a los cuentos de hadas
y reprobar el examen de la vida,
para el cual había ensayado tanto.

Llegar a donde siempre me había alejado,
buscar todo lo que rechazado;
perder mis honores, renunciar a los halagos.
Volver de un viaje de ida,
por verme en tus ojos,
o reflejarme en tu sonrisa.

Caminar sobre mis huellas,
hasta el principio de camino,
y sacudirme de los pies las penas,
para junto a ti, empezar el recorrido.

EL DIA QUE MUERA

El día que muera
espero haber conocido
de la ciencia el propósito
y de la vida el sentido.

De la amistad, lo esperado
de la religión, lo divino
y de un beso apasionado,
el haberme estremecido.

El día que muera espero
no estar en deuda.
No deberle un "te quiero"
a quien, muy bien, lo mereciera.

No deber, de lo explicado,
la verdad silenciada.
Ni versos, a lo que inspirado,
haya posesionado mi alma.

El día que muera
espero haber conocido;
la voluntad de la rosa,
y el poder del vino.

De la mujer, su encanto
de la madre, la ternura,
de mis hijos, la esperanza
y de mi patria su hermosura.

El día que muera
espero haber conocido;
del trabajo, el sudor,
de la calle, su sabiduría
y de los pobres el perdón.

De los ricos, su riqueza
de los locos, su locura
de los grandes, su grandeza
y del sabor, la amargura.

El día que muera
espero haber conocido,de la muerte,
su sentido.
El día que muera espero…
simplemente haber vivido.

Tercer Premio 1997 Certamen Literario Universidad Interamericana de P.R.

CANTA COQUI

Canta coquí a mi bella Borinquén,
al manto negro que cubre mi tierra.
Canta coquí, y que se haga eco
tu canto entre las ramas.

Rompe el silencio,
aunque otra música extraña ahogue.

Canta Coquí,
que se te escuche por todos los rincones;
que tu cantar, es valor frente a la amenaza
y así, cantando, mantienes viva la esperanza.

Apiádate coquí,
y convierte tu canto en oraciones.
Grita coquí,
si escuchas vientos silenciadores.
Ruge coquí,
si pisan la rama de tus cantares.

Canta coquí,
que aunque los hombres callen,
al menos tú cantes.

ENTRE ROSAS Y VINOS

Entre rosas y vinos te estaré esperando
para amarte diariamente,
sin prisas, sin retrasos.
En el altar de flores pondré tu retrato
y adoraré tu imagen, cual mortal creyente
de la divinidad de tus labios.

Añejaré el néctar de tu cuerpo,
preservándolo por siempre en mi corazón.
Degustaré, lentamente, el aroma de su sabor
hasta alucinar tu imagen apasionada,
embriagado por los sorbos de tu amor.

Seré un bohemio en tu alcoba
que cantará coplas sobre tu piel.
Derramaré la copa vacía de mi alma
para desbordarla con el dulce licor,
que destilan tus poros de azúcar y miel.

Cortaré las mejores rosas
que a diario en tus labios florecen.
Abonaré con besos los capullos,
sin temor a sangrar por las espinas
con las que tus celosos pechos protegen.

Entre rosas y vinos te entregas,
entre pétalos y gotas te tomo.
Entre copas y espinas me sometes,
entre el cielo y la tierra, te adoro.

1ra Mención Honorífica 1995 Certamen Literario Universidad Interamericana de P.R.

A mi padre Efraín, carpintero, padre de 13 hijos.

MANOS SABIAS

Sus manos pequeñas y sabias
enamoran la madera,
la hacen revelarle su esencia
y someterse a su voluntad.

Esas mismas manos,
que desde niño el trabajo arrebató,
mientras sus primeros callos florecían,
aprendieron lo que es el dolor.

Esas manos que nacieron vacías,
no saben lo que se siente tocar lo ajeno.
Aprendieron a llenarse de sudor,
a hacerse fuertes y callosas repartiendo amor.

Son esas manos que se negaron
en Corea a derramar sangre,
en las que vimos reflejada la Patria
y en las que aprendimos a mitigar el hambre.

Fueron esas manos cerradas,
el refugio más seguro
para diez dedos y trece almas.

¡Eran sus manos extendidas
las que hacían grande la casa!

Manos llenas de historias calladas,
de sueños malogrados,
de fantasías atrasadas.
Manos que siempre encontraron la forma
de hacer que las mías se llenaran.

Son las manos de mi padre,
son esas manos,
las manos más sabias.

MI MUJER

La mujer que amo
es dulzura que amarga mis días
y es amargura que endulza mis penas.

Sabe dominarme y dejarme en libertad
para que la domine.
Es débil ante lo inesperado
y segura ante el presente.

Se hace de fuerza para abrazarme,
para colocarme bajo sus encantos.
Luego se vuelve sumisa
y se entrega a mis deseos,
dispuesta a que la posea.

Es variable,
pero sigue siendo la misma que conocí,
la que me enamoró,
la que despertó en mí el amor.

Es paz en tiempo de calma,
es mar embravecido,
es tempestad en mi cama.
Es única, es ella, es perfecta.
Porque nuestros cuerpos se amoldan
sin residuos,
sin dejar espacios vacíos.

Es poeta,
porque se inspira para hacer
poesía de mi boca con sus labios
y escribe versos con sus manos
en todo mi cuerpo.

Es sensible,
a mis virtudes, a mis defectos
a la queja de la humanidad,
al llanto de un amigo,
a la pena de mis lamentos.

Es sorda,
a los reclamos, a las exigencias y estatutos.
A la autoridad, a los consejos
y está presta para dejarse llevar por los deseos,
por sus sentimientos
sin importar el medio o el camino.

Es cruel cuando se enoja,
es tierna cuando quiere.
Es contradicción constante,
es difícil, es fácil;
es fácil de amar, difícil de conquistar.

Es loca, es cuerda,
es parte de mí,
pero sigue siendo toda ella.

Se torna gigante ante la crisis de amor,
es valiente para afrontar el peligro.
Se achica para humillarse, para dejarse sentir
es cobarde a la mentira, al engaño,
al juicio de ella misma.

Es tonta ante los encantos de amor.
Es audaz para reconocer la mentira,
la infidelidad, las ironías de la vida.
Me permite conocerla toda,
mas no me deja entorpecerla.

Me aísla, me reclama,
transforma todo mi ser.
Me toma, me deja.
No se compra, no se vende,
pero permite que la llame,
mi mujer.

SÍNDROME

Quién eres tú,
que osas apoderarte de mi pensamiento,
que logras controlar mis sentidos
y me insensibilizas para todo,
menos para percibir tu presencia.

Has alcanzado conquistar
el territorio, hasta ahora,
inalcanzable e inaccesible al amor.
Has plantado tu bandera
donde nadie la ha podido suplantar;
logras que la venere
y castigue a cualquiera que la injurie.

¿Cómo has podido infiltrarte en mi piel?
De tal manera, que sin ti,
quedarían al descubierto mis huesos, mi debilidad.

Logras dirigir mis movimientos y palabras
hacia ti, solo hacia ti.
Cuando intento rasgar mi piel y echarte fuera,
te conviertes en aire, que mi aliento aspira
y mis pulmones almacenan.

Entonces, ya te necesito para respirar;
cuando siento que me faltas me asfixio,
la ansiedad me acorrala
y me obliga a desearte, a no dejarte marchar.

¡Ya estoy aterrado al pensar que me faltas!,
que intentas matarme lentamente,
escapándote de mí.

Mis labios se secan,
mis manos tiemblan, ante la necesidad de ti
y el cuerpo me pide volver al vicio
de tenerte, de poseerte hasta el cansancio.

Para luego, volver a sentirme atrapado;
poseído, indefenso a tu voluntad,
sumiso a los deseos que tú provocas,
preso de los pensamientos que creas.

No, pero ya no puedo intentar curarme de ti,
de tu amor.
Porque descubro nuevamente
que el remedio,
es peor que la enfermedad.

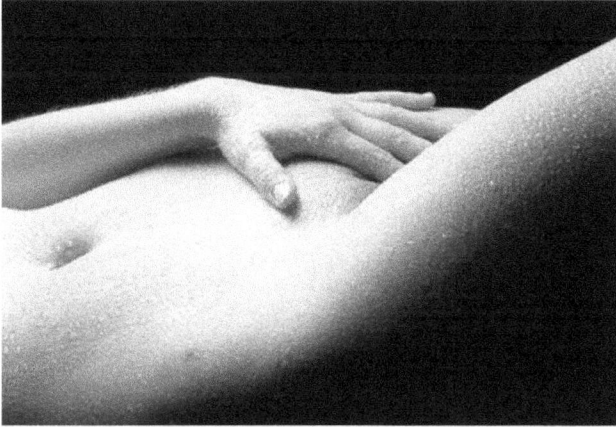

EL CAMINO CORRECTO

Decídete,
cierra tus ojos, para no ver a todo el mundo.
Nubla tu pensamiento, para no recordar deberes,
leyes o sermones impuestos.

Pregúntale a tu piel, el camino que debes seguir.
Que tus labios te recuerden mis besos
y tus manos, el camino recorrido en mí por ellas.
No, no vaciles en escuchar a tus pechos,
dispuestos a contar uno y mil besos.
Pregúntale a tu cuello, tus muslos, tu cintura,
y tu espalda, las noches que extrañan
y los días de deseos.

Pregúntale a tu vientre,
fiel aliado de mi virilidad,
donde me hago huésped de tu feminidad,
de la humedad de tu cuerpo.

Recorre con tus manos
poco a poco tu cuerpo;
recordando poro a poro,
vello a vello,
mis palabras susurradas en tu cuello
y tus suspiros elevados al silencio.

Siénteme otra vez, búscame otra vez;
sin temor, sin miedo.
Que en este juego de sudor,
de ir, y venirnos,
no hay nada más puro, más correcto,
que nuestro propio deseo.

———————

Sobre el AUTOR

Miguel Ángel Zayas

Poeta, cuentista, músico, bohemio, educador, bloguero, columnista, psicólogo, entrenador físico. Nació un 18 de diciembre, en Santa Isabel, Puerto Rico. Ser el octavo de trece hermanos de una familia humilde de la barriada Monserrate le sirvió de estímulo para establecerse metas personales y profesionales desde muy temprana edad.

Con una amplia y variada formación académica, en el 2008, fundó la escuela especializada en educación alternativa Alternative Training Educational School, en Cayey, Puerto Rico. En el 2010, el Consejo

Iberoamericano de la Calidad Educativa, de Sao Paulo, Brasil, le confirió el Doctorado Honoris Causa, en reconocimiento a su aportación al campo académico.

Publicó, en 1999, su primer poemario, *Entre Rosas y Vinos,* y en el 2013, en español y portugués, *Expectativas,* su segundo poemario, el cual dio origen a la producción discográfica del mismo nombre, que contiene la versión musicalizada de trece de sus poemas.

Sus cuentos "Soberanía" y "Sentencia" fueron premiados en el Certamen Nacional de Cuento, Ensayo y Poesía 2009 de la American University y en el Certamen de Microcuentos 2014, en honor a Julia de Burgos, de la Cofradía de Escritores de Puerto Rico, respectivamente.

Creó la firma Editorial Zayas, con el fin de apoyar la difusión y promoción de trabajos literarios de noveles escritores.

Ha participado, en calidad de escritor y editor, en publicaciones como las antologías *Divertimento I, Divertimento II* y *Versos náuticos,* en la que se unió a dieciocho poetas de diez países de Iberoamérica y que fue presentada en Palma de Mallorca, España, en el 2016.

Sus artículos sobre motivación, autoestima, política y educación han sido publicados en diferentes revistas y periódicos del país.

Publica con nosotros,
hacemos tu sueño de publicar una realidad.

Tel. (787) 263-5223
Web: www.editorialzayas.com
Email: editorialzayas@gmail.com
Facebook: www.facebook.com/editorialzayas

Editorial Zayas

Hacemos posible tu sueño de Publicar.

www.ingramcontent.com/pod-product-compliance
Lightning Source LLC
Chambersburg PA
CBHW022202080426
42734CB00006B/544